Carl Maria von Weber
1786 – 1826

Andante e Rondo ungarese

für Viola und Orchester
for Viola and Orchestra

Herausgegeben von / Edited by
Georg Schünemann

Klavierauszug / Piano Reduction

VAB 36
ISMN 979-0-001-10231-5

www.schott-music.com

Mainz · London · Berlin · Madrid · New York · Paris · Prague · Tokyo · Toronto
© 1938 SCHOTT MUSIC GmbH & Co. KG, Mainz · Printed in Germany

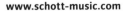

Vorbemerkung

Weber schrieb das *Andante e Rondo ungarese per L'Alto Viola Solo con gran Orchestra* für seinen Bruder Fritz in Ludwigsburg. Am Schluß seiner Handschrift findet sich die Bemerkung: *„Vollendet den 18ten Oktober 1809"*. Später hat er das Stück für Fagott „gänzlich umgeschmolzen", wie er schreibt. Der verdienstvolle Weber-Forscher *Friedrich Wilhelm Jähns* entdeckte die Partitur des Bratschen-Konzerts bei dem Berliner Kapellmeister Semler, der sie von seinem Vater, dem berühmten Bratschisten *Franz Xaver Semler* geerbt hatte.

Dieser ersten Veröffentlichung liegt die in der Preußischen Staatsbibliothek zu Berlin aufbewahrte Eigenschrift Webers zu Grunde.

Remarque préliminaire

Weber a écrit *l'Andante e Rondo ungarese per l'Alto Viola Solo con gran Orchestra* pour son frère Fritz à Ludwigsburg. A la fin de son manuscrit, on trouve la remarque: *‹Achevé le 18 octobre 1809.›* (Plus tard il a complètement refondu ce morceau pour basson.) *Friedrich Wilhelm Jähns* découvrit ce concert pour alto chez Semler, chef d'orchestre à Berlin, qui l'avait hérité de son père, le célèbre altiste *Franz Xaver Semler*.

Cette première publication s'appuie sur le manuscrit original de Weber, conservé à la bibliothèque nationale de Berlin.

Preface

Weber composed this *"Andante e Rondo ungarese per L'Alto Viola Solo con gran Orchestra"* for his brother Fritz who lived in Ludwigsburg. He made the following note at the end of his work: *"Finished October 18th, 1809"*. Later he re-wrote the work for Bassoon.

The eminent Weber-Scholar *Friedrich Wilhelm Jähns* discovered the Viola Score in the possession of the Berlin Conductor Semler, who had inherited it from his Father, the well-known Viola player, *Franz Xaver Semler*.

The basis for this first publication is founded on the original in the Preußischen Staatsbibliothek at Berlin.

Georg Schünemann

Besetzung des Orchesters:

2 Flöten	2 Hörner in C
2 Oboen	2 Trompeten in C
2 Fagotte	Pauken

Streicher

Aufführungsdauer: 9 Minuten

Andante e Rondo ungarese

Klavierauszug von
Georg Schünemann

Carl Maria von Weber

4

5

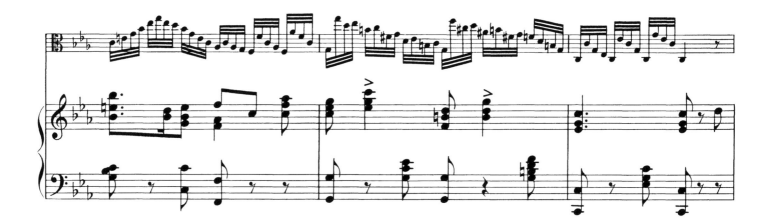

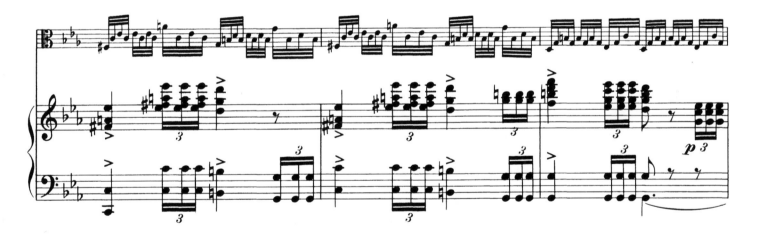

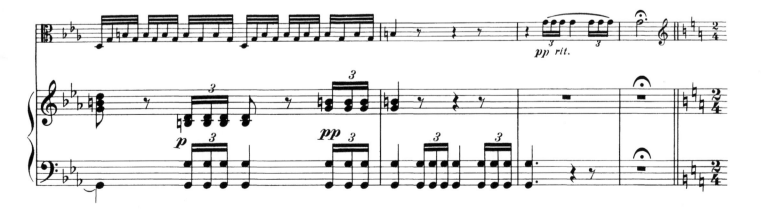

8

Allegretto ungarese

Carl Maria von Weber

1786 – 1826

Andante e Rondo ungarese

für Viola und Orchester
for Viola and Orchestra

Herausgegeben von / Edited by
Georg Schünemann

Klavierauszug / Piano Reduction

VAB 36
ISMN 979-0-001-10231-5

Viola solo

www.schott-music.com

Mainz · London · Berlin · Madrid · New York · Paris · Prague · Tokyo · Toronto
© 1938 SCHOTT MUSIC GmbH & Co. KG, Mainz · Printed in Germany

Andante e Rondo ungarese

Herausgegeben von
Georg Schünemann

Bezeichnet von
Gustav Lenzewski

Carl Maria von Weber

Viola~Solo

Viola - Solo

Allegretto Ungarese

Viola-Solo

Viola ~ Solo

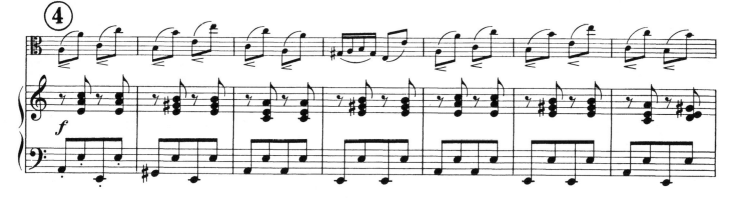

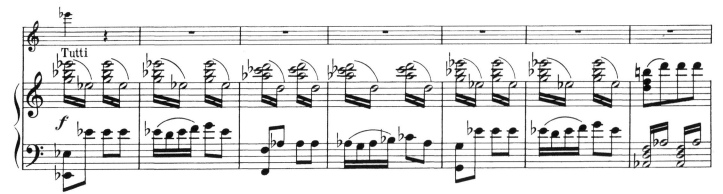